幸せは「がんばらない」が9割

植西聰
Akira Uenishi

エパブリック

まえがき

「今日も疲れた。こんないっぱいいっぱいの生活がいつまで続くのだろう」
「苦手な人と顔を合わせるのがストレス。気づくとそのことばかり考えている」
「何をやっても人並み以上のことができない。こんな自分のままで年をとっていくのかと思うと不安になる」

こんなふうに、悩みを抱えていつも溜息をついてしまっている人たちがいます。

その人たちに共通するのが、「マジメ」な性格であるということ。

マジメな人は、他人に対して失礼にならないよう、誠実にふるまいます。
マジメな人は、給料以上の成果を出さなければと、一生懸命に働きます。
マジメな人たちが決まりごとを守るおかげで、世の中の秩序は保たれているのです。

しかしマジメさは、いきすぎると、

「〇〇でなければいけない」

「〇〇であるべきだ」

と、自分をがんじがらめにする要因になってしまいます。


本来、マジメであることはその人の長所であり、魅力であるはずなのに、使いどころを間違えると、苦しみの原因にもなってしまうのです。

この本を読み進める前にぜひ、実行してほしいことがあります。


まず一つ目。

これまで自宅を出ると常に「がんばりやの自分」で過ごしてきた人は、今後、**「がんばらない自分」を通常モードにしていく、と決意してください。**

マジメな人は、「がんばる」ことを当たり前と思っているかもしれませんが、ほかの人は、がんばるのは「ココぞ！」というときだけです。

それ以外は、職場でも友だちの前でも別にがんばっていない、ニュートラルな自分で過ごしています。

ですから、そんなにがんばらないで、もっと肩の力を抜いて過ごしていいのです。

続いて二つ目。
やるべきことを減らして睡眠時間を増やしましょう。
心がつらいとき、睡眠不足を解消するだけでエネルギーが戻ることがあります。
自分だけががんばる必要はありません。
本当に必要なこと以外は、手放していいのです。

この二つを心がけながら、本書で紹介する内容を実行するうち、心から笑える時間が増えていくと思います。

ほんの少し、考え方や行動を変えるだけで、眠れないほど自分を悩ませていた原因が、少しずつ小さくなり、いずれ消えていきます。

マジメな自分のまま、幸せになっていけるのです。

植西　聰

第1章

ときには賢く「苦手」を避ける

第2章

不安のない人なんていない

第3章

人生は何歳からでもやり直せる

第4章

がんばりすぎなくたって大丈夫

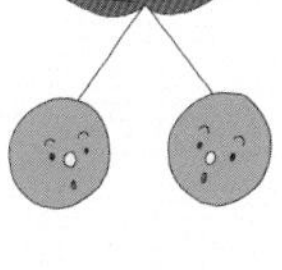

第5章

悪いことは、永遠には続かない

第6章

人間関係がうまくいくと、プラスのことが起こる

イラスト　ささきえり
ブックデザイン　鈴木夏希

第1章

ときには賢く
「苦手」を避ける

今、生きているのは70兆分の1の奇跡

「人間として生まれてきて、本当によかったと思っていますか？」

仏教を開いたブッダは、弟子に対してこんな問いかけをしました。

弟子は何も答えられませんでした。そんなこと、深く考えたこともなかったからです。

ブッダは、「私たちが人間として生まれてきた確率は、極めて低いもの。だから、もっと自分という人間を大切にしなさい」ということを、弟子に伝えたかったのです。

私たち人間が、その人として生まれる確率は、わずか70兆分の1といわれています。それは、当選金額1億円の宝くじを連続で当てるよりも少ない確率。

つまり、誰でもこの世に生まれてこられただけで、それは奇跡的な偶然であり、**今日まで生きてこられたのは、さらに輪をかけて奇跡的な幸運なのです。**

ですから、「生きているだけですごいんだ」と自分をほめていいのです。

「誰もほめてくれない」と思ったときは、
自分で自分をほめよう

「自画自賛」という言葉があります。「自分が行なったことや達成したことを、自分でほめる」という意味です。

謙虚であることが美徳とされる日本では、自分で自分をほめることに抵抗のある人が多いようです。

しかし、**誰も見ていないところで、こっそりと自画自賛することくらいなら、できるのではないでしょうか。**

「トラブルがあったのに最後まで仕事をがんばれた。私ってすごい！」

「苦手な人ともスムーズに話せた。よくがんばったね、私！」

一日の終わりに、こんなふうに自分をいたわってあげてみましょう。

人は誰でも、他人からいい評価をされることを望んでいます。

ただ他人は、いつでも自分をほめてくれるわけではありません。

だからこそ眠る前に、「がんばったね」「よくできたね」と、自分に励ましのエールを送る習慣を持つことをおすすめします。

ほめることは、どんなに小さなことでもいいのです。

「気持ちがいい」と感じる時間を
毎日つくろう

「いろんなことがうまくいかない」「モヤモヤした気持ちが止まらない」というときが誰にでもあります。

そんなときは、「気持ちがいい」と感じることを実行してみましょう。

美容院で髪を切ったり、エステで全身をマッサージしてもらったりすることは、いつの時代も多くの女性に人気があります。

気持ちよくて、心も体もリラックスする効果が高いからでしょう。

毎日、美容院やエステに通うことは難しいですが、**自分でできる「気持ちのいいこと」は探してみると、意外に身近にあるものです。**

「早起きをして、近所にある緑の多い公園を散歩する」
「好みの香りの入浴剤を入れて、ゆっくりお風呂に入る」
「トレーニングの動画を見ながら、自分のペースで運動する」

自分に合っていれば何でもいいのです。

できれば毎日、少しでも「気持ちいい」と感じる時間をつくりましょう。

「ストレスがあるのは仕方がないこと」
なんて考えない

普通に生活していても、私たちの体や心にはストレスが積み重なっていきます。「ストレスがあるのは仕方がない」「忙しいから、どうしようもない」などと放っておけば、**最悪の場合、病気になってしまうこともあるのです。**

自分の体を大切にするためには、どのくらいのストレスが溜まっているかを知る必要があります。

簡単な方法としておすすめなのが、「最近、体の調子が悪いところはあるかな？」と自分で点数をつけてチェックすること。

「座り仕事が続いて、体調が10点中3点くらい。どんどんひどくなっている」こんなふうに数字をつけてみると、「5点以下が続いているから、週末は一日リラックスして過ごそう」など、対策をとれるようになります。

体はストレスに反応するのが早い分、不調に気づきやすいといえます。そして、**体調を整えるだけで気分までよくなることもよくあるのです。**

他人の目を気にして、
見栄を張ってしまう自分から
卒業しよう

人間は多かれ少なかれ「自分をよく見せたい」という「見栄」や「虚栄心」を持っているものです。

「恋人がいないのに、聞かれると『いる』とウソをついてしまう」

「同僚のファッションを見て、無理をして高価な洋服を買ってしまった」

しかし**見栄を張るとは、いいかえれば、ありのままの自分を否定することにもなってしまうのです。**そのため、後で自己嫌悪に陥ったり、むなしい気持ちになったりすることもあります。

大人なら、人目も気になるし、他人に負けたくない気持ちもあって当然。それでも、必要以上に見栄を張らないほうが穏やかに生きられます。

見栄を張る自分から卒業するには、**「自分は競争から降りる」「誰とも勝負しない」と決めてしまうといいでしょう。**

見栄を張って勝つより、ラクに生きるほうが、幸せ度は高いのです。

あなたはもう足りている

「わが家よ、いかに小さくても、お前は私の大宮殿」

これはイタリアに伝わることわざです。

どんなに小さな家でも、ベッドやキッチンがあれば普通に生活はできます。布団があればぐっすり眠ることができて、食材があれば料理はつくれます。

つまり生きていくための設備は、もう足りているのです。

王様が住む大宮殿には、豪華なご馳走や調度品があるでしょうが、日常の暮らしという点では、小さな家でも大宮殿とそれほど変わりがありません。

このように、分相応の環境に満足することを「足るを知る」といいます。

「足るを知る」の精神がないと、「もっといい家に住みたい」という欲求が強くなりすぎて、次第にストレスが強くなってしまいます。

もし、「自分は恵まれていない……」と思うことがあれば今、自分が持っているものに目を向けてみることが大切です。

現在の境遇にだって、幸せな部分はきっと見つかることでしょう。

「一人時間」が
幸せにつながっていく

近頃は、あらゆる分野で「一人で楽しめる」サービスが増えました。カフェはもちろんのこと、焼肉、回転ずし、カラオケなど、本来なら仲間とわいわい楽しむイメージのあるものまでも、一人で入店することに抵抗がない人が増えつつあります。

心理学に、「ソリチュード」という言葉があります。これは、「生活の中に『孤独な時間』を積極的に取り入れる」という考え方を表しています。

孤独というと、「寂しい」「ひとりぼっち」といったネガティブな印象を持つ人がいますが、実はポジティブな面もたくさんあるのです。

たとえば一人でいると、周りに気を使わずに好きなことができます。人の意見に左右されないで、自分が望んでいることを決められます。

いつもなら誰かを誘っていた場所に、今日は一人で行ってみる。

そんな小さな挑戦が、小さな幸せにつながるかもしれません。

過去を振り返って、
「ほめられたこと探し」をしよう

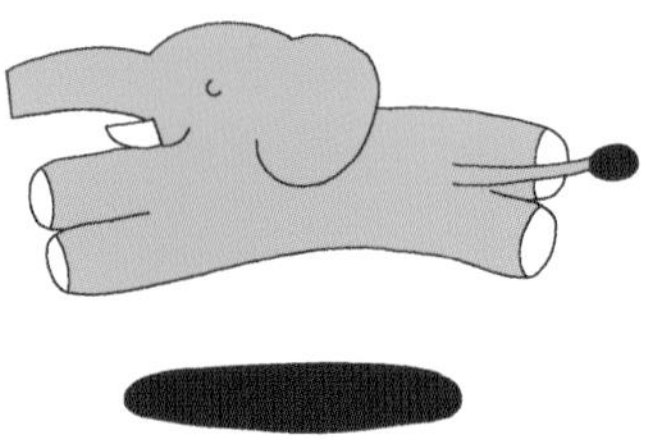

日本人は外国人に比べると、「自分は立派な人間だ」と自己評価の高い人の割合が、非常に少ないそうです。

つまり「自分はどこにでもいるような人間だ……」と考えがちなのです。

しかし、そういう人もみんな、実はステキな魅力を持っています。**ただ、自分で気づいていないだけなのです。**

もしも疑っているなら、過去にほめられたことを思い出してみてください。きっといくつも見つかるでしょう。

「話をじっくり聞いてくれて嬉しかった」と知人に感謝されたことのある人は、聞き上手で思いやりのある性格の持ち主なのでしょう。

「いつもお弁当がおいしそう」と同僚にうらやましがられたことのある人は、自分では意識していなくても料理が特技なのです。

こうやって**人からほめられた自分を誇りに思うと、自己評価がアップします。**

そこから自信も湧いてきて、自分のことを好きになれるのです。

最高の占い師は自分自身

「最高の占い師は外にいるのではなく、自分の内に存在する」

これはオーストリアに伝わることわざです。自分が幸せになる方法は、立派な占い師よりも、自分自身のほうがよく知っているという意味です。

占いは、一つの選択肢として参考にする程度ならいいかもしれません。しかし、気にしすぎるとその結果に振り回されてしまいます。

その結果、自分の人生なのに自分で進む道を決められなくなってしまうことがあるのです。

もしも占いのとおりに行動して不幸になっても、誰も責任はとってくれません。**人生とは、右に行ったら幸せになり、左に行ったら不幸になるというような単純なものではないはずです。**どちらの道に進んでも、さまざまな出来事が待っています。

それなら、自分が「こっちがいい！」と思う道を選び、そこで起こる出来事を楽しめるように工夫していくほうが、悔いのない選択になるでしょう。

無理に苦手なことをしなくたっていい

マジメな人がストレスを溜めてしまう原因の一つに、苦手なことでも全力で取り組んでしまう、ということがあります。

「新たに仕事を頼まれたけど、自分には向いていない……」
「資格の勉強を始めたけど、自分の将来には役に立たない気がする……」
こんなとき、「やっぱり、やりたくないな……」と思うのなら、別の仕事に変えてもらえないか頼んだり、無理をせずにいさぎよくやめるという決断をしたりしてもいいと思います。

やりかけていたことを途中でやめることに、罪悪感を持つ必要もありません。
やってみたら自分に合わなかったとわかったのですから、むしろその分、前進しているといえます。

「石の上にも三年」という言葉がありますが、その言葉にしばられて不幸になるくらいなら、さっさと石の上から飛び降りて自分に合った道を選びましょう。

自分を大切にするために、時には賢く「苦手」を避けてもいいのです。

第

2

章

不安のない人なんて
いない

不安も心配ごとも、
自分の心がつくり出している

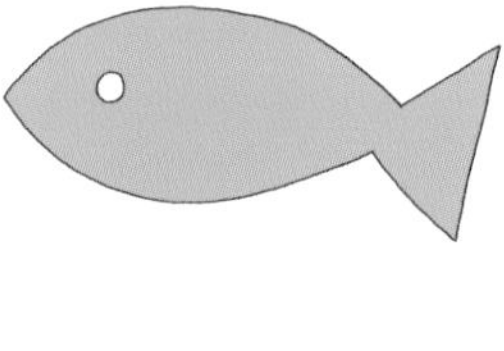

「疑えば目に鬼を見る」ということわざがあります。
ささいなことでも一度疑いだすと、暗がりの中で鬼が見えるかのように、恐ろしい妄想が見えるようになる、という意味です。

つまり、**「怖いな」とずっと思っていると次第に、何でもないようなことまで恐ろしいものに見えてしまうのです。**

たとえば泳げない人は、入らないのに海やプールを怖がる傾向があります。
「水の災害が起こったら、泳げない私はどうすればいいんだろう……」と必要以上におびえてしまい、近所の川や公園の池までも恐怖の対象になってしまうのです。

変化の激しい世の中です。**不安や心配ごとを抱えていない人のほうが珍しいと思います。**
ただ、心の中で勝手に怖いものをつくり出すのは、やめたほうが得策です。

ネットの情報に いちいち振り回されて消耗しない

ネットの情報は、何かのサービスに誘導する目的で、不安を煽《あお》るような内容が多いので、気を付けましょう。

ただでさえ悩みごとがあると、心の中にマイナスの感情が増えます。マイナスの感情とは、「つらい」「苦しい」「もうダメだ」「ツイていない」「悲しい」といった感情です。

こういう感情に支配されると、必死になって悩みの解決法を探そうとするもの。しかし、**そのがんばりが逆効果になることもあるので、注意が必要です。**

たとえば、「なかなか結婚ができない」という悩みを持っていて、インターネットで原因を調べてみたとしましょう。「○歳以上の結婚は難しい」「結局、容姿がいい人から結婚が決まる」というような情報が目に入れば、余計に不安になってしまいます。

ネットの情報に振り回されて、悩みを大きくしないようにしてください。情報を集めるなら、実際に経験した人に聞いてみるのが一番です。

40

映画の力を借りる

「不安で心がモヤモヤしている」
「心配ごとが頭から離れない」
こんなときは、**映画の力を借りることがおすすめです。**

「冒険がテーマの映画を鑑賞したら、いつの間にか自分も主人公と一緒に冒険しているような気分になった」といった経験は、誰にでもあると思います。

映画は映像や音声を通して鑑賞できるため、本を読んだり、絵画や彫刻を鑑賞したりするよりも、感情移入しやすいのです。

そう考えると、**落ち込んでいるときは、明るいテーマの映画を選ぶほうがいいということになります。**映画の脚本や演出は、人を飽きさせない工夫が至るところにしてあり、観た人は不安や心配ごとを忘れて自然と没頭することができます。

もちろん、明るい映画を観る気にならないのなら、落ち着いたものを選んでもかまいません。

「言葉の力」で不安を打ち消せる

「老後の生活資金不足が深刻」「リストラする企業が増えている」といったマイナスの言葉を、テレビや新聞などで見聞きする機会は珍しくありません。

そして**マジメな人ほど、そのようなマイナスの情報に触れると、そのことが頭から離れなくなってしまいます。**

そういうときに活用したいのが、**自分自身の言葉です。**

言葉には「言霊《ことだま》」というパワーが宿っています。そのパワーを利用して、ついマイナスのことばかり考えてしまうサイクルを断ち切りましょう。

「考えすぎだよ。それより、好きな音楽でも聴こう」

「また不安になっているなあ。少し疲れているのかもしれない。明日はおいしいものを食べに行こう」

「このことで悩むのはもうやめた！　明日はきっといいことがある！」

このように口にしてみることで、不安な感情を小さくすることができるのです。

不安を感じる利点とは？

「転ばぬ先の杖」ということわざがあります。

足腰が弱っている人やケガをしている人は、歩くときに杖を使います。用心していても、うっかり転んでしまう可能性が高いためです。

当たり前ですが、転んでから杖を用意しても意味がありません。**杖を事前に用意することで、「転ぶ」という危機を回避できるのです。**

人間は、ある程度不安や心配ごとがないと、危機管理能力が薄れてしまう傾向があります。不安があるからこそ、大きなトラブルを避ける方法を考えられるということです。

たとえば、シートベルトや高所作業時に使う命綱を発明した人は、心配性だったのかもしれません。でも、そのおかげで助かる命が増えたといえるでしょう。

心配ごとがあるからこそ、事前に必要なものを準備することができます。

そう考えると、不安や心配ごとも冷静に受け止められるはずです。

この苦しみは、
自分はもちろん、
誰のせいでもない

不安や心配ごとがあると、マジメな人ほど自分が悪いと考えがちです。「リストラ候補にされているのは、ほかの人に比べて、自分の能力が低いせいだ……」などと、自分を責めてしまうのです。

また一方で、「ほかの誰かのせいだ」と考える人もいます。

「自分がリストラ候補に入ったのは、上司が正当に評価してくれないから」というふうに、いつも他人に不満を感じるタイプの人たちです。

心理学では、前者を「自罰傾向」、後者を「他罰傾向」と呼びます。どちらのタイプも、**心の中にマイナスの感情を増やしてしまいます。**

世の中を見渡すと、不安や心配ごとの原因は「誰のせいでもない」こともけっこうな割合であります。

それにタイミングの問題など、人の力ではどうすることもできない場合も案外あるのです。

だから、**自分のせいとも誰かのせいとも考えるのはやめることです。**

「誰のせいでもない」と割り切ることが大切です。

相談相手は自分を肯定してくれる人に

相談するときは、自分を肯定してくれる人に話を聞いてもらいましょう。不安を小さくする効果があります。

自分を肯定してくれる人というのは、「大変だったね」「つらかったね」と共感してくれたり、「もう大丈夫だよ」「次はうまくいくよ」と励ましたりしてくれる人です。

くれぐれも、「誰でもいいから話を聞いてほしい」と相手を選ばずに相談を持ちかけることのないよう注意してください。残念ですが、世の中にはいい人ばかりではなく、他人の不幸を喜ぶような人も存在しています。

そんな人に上から目線で「あなたってダメね」「どうしてあのとき、こうしなかったの？」といわれたら、ますますつらくなってしまうでしょう。

不安なときの相談相手は、「慎重に選ぶ」くらいでちょうどいいのです。

普段から共感してくれる友人を持つように心がけることが大切です。

思い切って環境を変えてみよう

不安や心配ごとが長引いているなら、思い切って今の環境を変えてみるのも一つの方法です。

たとえば実力のあるスポーツ選手が、どんな環境でもいい成績が残せるかというと、意外とそうでもありません。

「勝たなければ！」というプレッシャーが強かったり、チームの環境が合わなかったりして、成績が悪くなってしまうパターンもあります。

そういう人が練習場所やチームを変えた途端に、本来の実力を取り戻して再び活躍することもよくあるのです。

この現象を、心理学では「転地効果」といいます。

環境を変えるには、ほかにも実家を出る、転職する、結婚・離婚する、引っ越しをするなどがあるでしょう。模様替えも小さい変化といえます。

ポイントは、状況が変わるのを待つのではなく、「自分から変化を起こす」ということです。

比べるのは他人ではなく、
過去の自分

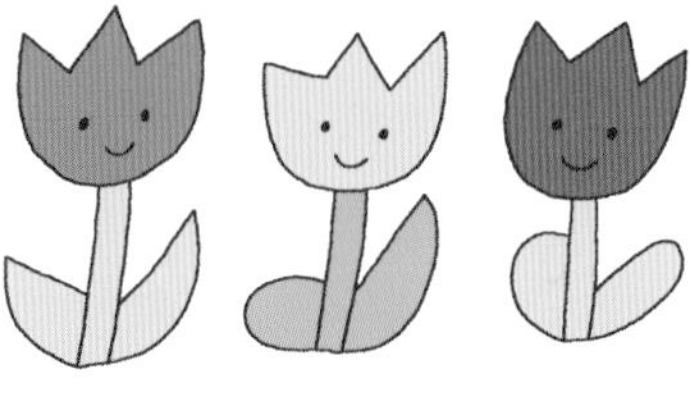

「友だちは結婚して子どももいるのに、私は結婚すらできない」

「あの人は仲間がたくさんいるのに、私には仲間がいない」

不安や心配ごとを抱えてしまう人の中には、このように自分と他人を比べて自信を失っている人がいます。

そういう人は、**「自分は自分。人は人」と割り切って、他人と比べることをやめるだけで気持ちがラクになることがあります。**

皆それぞれ、生きる環境も望む未来も違うのです。それに、他人の苦労は意外と見えていません。

華やかに見える人が、何か悩みを抱えているということもよくあります。自分に見えているのは、その人のほんの一部なのです。

比べるなら、**他人ではなく、「過去の自分」と比べましょう。**「昨日より成長できた」「明日はこれをがんばろう」と考えると、次第に他人のことは気にならなくなるでしょう。

すると、自分の目標に集中できるようになります。

自分と同じ悩みの人とつながる

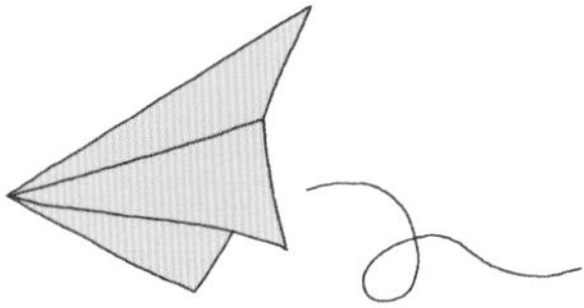

「どうして私ばかりこんなに苦しいの……」

このように一人で悩んでしまうこと、ありませんか。

そんなとき、**自分と同じような悩みを抱える人と交流することで、心が軽くなることがあります**。

たとえば、「このまま今の仕事を続けてもいいのかな」という悩みを持っているとしたら、転職を考えている人や独立してみたい人たちが集まる交流会に参加してみる、という具合です。

その場には、きっと自分と同じように仕事で悩んでいる人が、ヒントを探しに来ているはずです。「同じ悩みがあります」という人と、実際に会話をすることもできるでしょう。

そこで「**自分だけがつらいわけではない**」と実感するだけで、励みになります。

同じ境遇の人と交流し、知恵を借りたほうが乗り越えられることもあります。

不安や心配ごとを一人で解決しようとするのはやめましょう。

第3章

人生は何歳からでもやり直せる

こだわりを捨て、気楽に考えよう

仏教では、あらゆる苦しみや悲しみは、「何かに対するこだわり」、つまり「執着」から起こると考えられています。

ですから、**自分がこだわっているものを捨て去れば、苦しみや悲しみといったマイナスの感情からも解き放たれるのです。**

「自分がどんなことにこだわりがあるか、いまいちわからない」こういう人は意外と多いと思います。

私たちは日常で、知らず知らずのうちに「こだわり」を持つものです。たとえば、「自分は幸せになりたい」という思いは誰にでもあると思います。

それさえも、思いがあまりにも強いと、「幸せになれない自分はダメだ。何としてでも幸せになりたい」というような欲に変わってしまいます。

そして、欲が強いと、願いが叶わないときに、とても苦しい思いをすることになります。

「幸せになれたらいい」と気楽に考えるくらいでいいのです。

どんなに過去を悔やんでも、
やり直しは一切できない

「あのとき、なんであんな決断をしてしまったのだろう」
「この前の行動はよくなかった。自分がバカだった」
こんなふうに過ぎ去った出来事に対して、後悔の気持ちをいつまでも消せない人がいます。

でもいくら後悔したところで、過去を巻き戻して、もう一度人生をやり直すことはできません。それに、**過去ばかり見ていると、現在やるべきことがおろそかになってしまい、自然と未来も先細りになってしまいます。**

「なぜ」「どうして」と思い悩んだあげく、自らの手で自分の人生を不幸にするのはもったいないことです。

後悔を捨てて、「当時の自分にできる最高の決断だった」「あれは仕方なかったんだ」「これから先、挽回していけばいい」と自分自身に語りかけましょう。

何歳からでも、人生はやり直せるのです。

「結果は後からついてくる」と信じて、
目の前のことに集中する

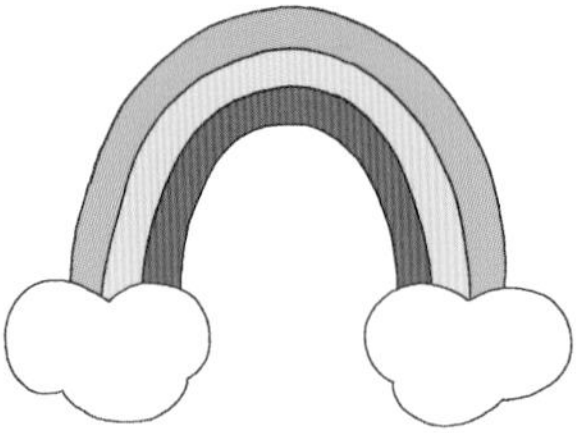

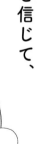

人は、何か行動を起こしたら、よい結果を期待してしまうものです。
とはいえ、すぐに思うような結果が出るとは限りません。むしろ、**最初は失敗するほうが多いでしょう。**

そんなとき、手っ取り早いやり方でうまくいっている人を見ると、気持ちがモヤモヤするかもしれません。しかし、準備も努力もナシにたまたま手に入ったものは、すぐになくなるものです。

「水から求めたものは水へ戻っていく」。
これはフィリピンに伝わることわざですが、日本でも、あてにならないものや予想しにくいもののことを「水物」と呼びます。
このことわざは、よい結果が出たとしても、それが「水物」だとしたら、またたく間になくなってしまう、という意味で使われています。

努力は報われるものです。すぐに結果が出なくても、いま自分のやれることに集中してください。

「みんながやっているから、
自分も同じことをしよう」
と考えない

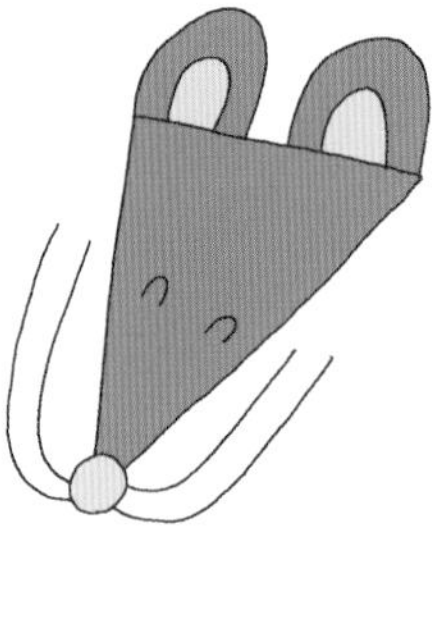

日本は「同調圧力」が強い国といわれます。

たとえば、会社のみんなが参加する食事会に誘われたとき、本当は行きたくないのに、断りづらくて仕方なく参加したというような経験は、誰にでもあるのではないでしょうか。

本心と違うことをしてしまう背景には、「ほかの人と意見を合わせないと嫌われる」「立場が悪くなる」という心配があるのかもしれません。

しかし、**自分の本心を隠したり、ウソを繰り返しついたりすることは、知らないうちに大きなストレスになります。**

職場では仕方ない場面もあるかもしれませんが、せめてプライベートでは、自分の本当の気持ちを少しでも伝えるようにしたほうがいいと思います。

本当にイヤなら、本心を伝えていくことです。それで、相手と関係が気まずくなるなら、**その人との付き合いを見直すタイミングなのかもしれません。**

相手が変わるのを期待するから
ストレスになる

「彼はガンコで、自分の意見を曲げないから、話すと疲れてしまう」

「彼女の忘れっぽいところが嫌い。遅刻も多くてイライラする」

このように、「相手の性格を直してほしい」と思うことはよくあるでしょう。


しかし、**人の性格はそう簡単には変わりません。**

同じ両親の元で育った兄弟姉妹でさえ、「価値観がまるで違うからケンカがよく起こる」なんて話をよく聞きます。

それでも、相手が変わることを期待してしまうのは、心の中に「きっと理解し合えるはず」という理想を持っているからです。


しかし、**恋人も親友も他人です。**「性格も考え方も違って当たり前」と考えれば、価値観や性格に不満を募らせても仕方がないと思えてくるはずです。


相手が変わることを期待しなければ、ストレスも軽くなります。

もし、どうしても我慢できないなら、少し距離を置くのも一案です。

人付き合いの義務感を捨てる

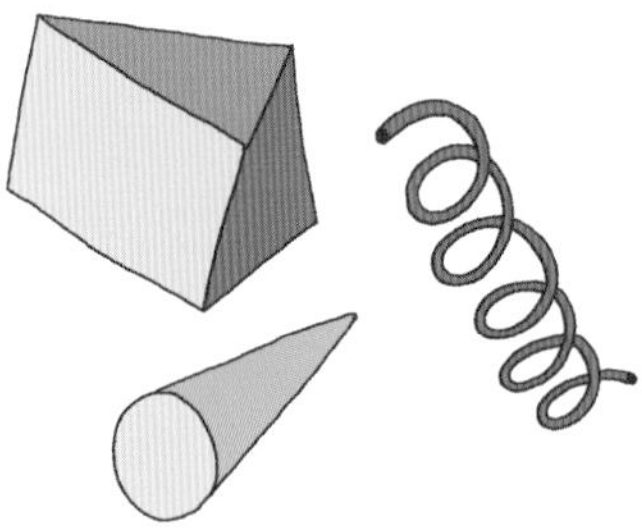

マジメな人は、「誰とでもきちんとお付き合いをしなければいけない」「できるだけ誘いには応じたほうがいい」と考えがちです。

社会人ですから、誰とでも気軽に交流できる社交性があったほうがいいのは事実です。

しかし、**人間関係で大切なのは「量より質」です。**

プライベートの付き合いで、「この場にいても楽しくない」と感じたり、「この場に自分がいる必要はあるのかな?」と思ったりするような場所に、長い間いる必要はありません。

そっと帰って、次に誘われたときも、失礼のないように断ってもいいのです。

自分が断ったら、相手に大きなダメージを与えると思うのは、ほとんどの場合、自意識過剰です。

必要のない義務感にこだわると、人付き合いはストレスになります。

断ることへの罪悪感を捨てると、人付き合いがラクになります。

一度にたくさんのことをやろうとしない

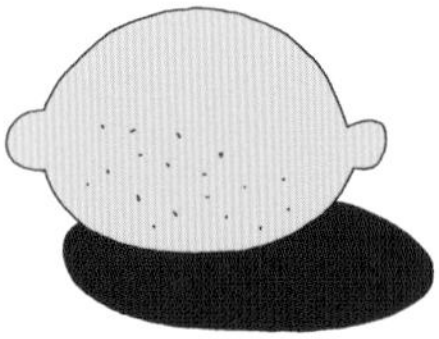

現代に生きる私たちは、何かと忙しい生活を送っています。

いくつものことを同時並行でこなす必要のある場面も、多くあります。

たとえば、「携帯電話でニュースを見ながら、食事をする」といった具合です。

女性なら、「仕事の合間に掃除と洗濯、料理をする」というのも当たり前になっているかもしれません。しかし、このような生活を続けていると、**「なんでこんな慌ただしいのだろう……」**と疲れを感じることが増えてしまいます。

ですから、どうしてもやることがたくさんあるときは別として、**時間に余裕があるときは、一つのことだけに集中してみてほしいと思います。**

禅の世界では、掃除のときは掃除、食事をするときは食事だけに集中するという決まりごとがあるそうです。

そんなふうに目の前のことに一つ一つ集中して取り組むことで、達成感が得られ、心も満足することでしょう。

人をジャッジしなければ、
心は穏やかでいられる

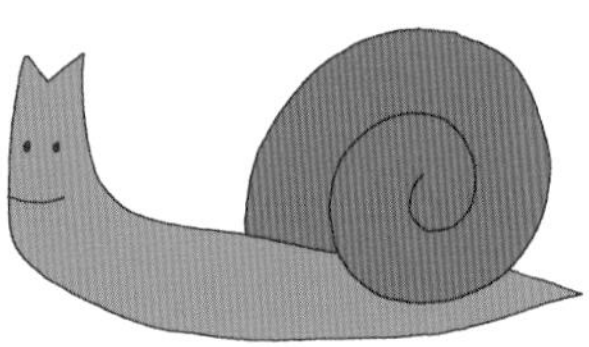

「彼女は社内のルールを無視しているから、社会人失格だ」

「あの人は自分だけ得をしようとしているから、ズルい」

マジメすぎる人は正義感が強いため、こんなふうに他人のことを無意識にジャッジしてしまいがちです。

しかし、こんな考え方を続けていると、「正しくない」「常識がない」と感じる人に出会ったときに、「許せない」という怒りの感情を抱きやすくなります。


自分が誰かの価値観を押し付けられて、「あなたは間違っている」といわれる場面を想像してみてください。

どんな気持ちがするでしょうか。きっといい気持ちではないと思います。

それなのに、人には自分の価値観を押し付ける人が多いようです。

もし、「私をイライラさせる人が多すぎる」と感じているなら、自分が考える「正しさ」にこだわりすぎている可能性が高いといえます。

人は誰でも自分が正しいと思っています。

けれど、**「意見は違って当然」と考えることで、イライラは減っていきます。**

失ってしまったものは「縁がなかった」と考える

最初から給料が20万円の人が、次の月も20万円受け取ることには何の違和感もありません。ですが、給料が30万円だった人が、次の月から20万円になると聞けば、大変なショックを受けるでしょう。

つまり、私たちは**「一度手に入れたものは、手放したくない」**というこだわりを持っているのです。そのため、物でも人でも、執着をすると失ったときに大きなショックを受けることになるのです。

しかし、**私たちは生まれたときは、何も持っていませんでした。**何かを失ったとしても、それは元に戻っただけで、本来は何も失っていないのです。

それに、一度自分から離れたとしても、永遠に離れたと決まったわけではありません。そういうときは、「縁があればまた戻ってくる」と考えることで、心を落ち着かせることができます。

自分の魅力に気づく

女性なら、「いつまでも若々しくありたい」と願う人が多いでしょう。
しかし、「若々しさ」にこだわるあまり、それが悩みの種になってしまうのは問題です。

たとえば、若い女性を見るたびに「自分は老けたな……」と落ち込んでしまうと、心の中にはマイナスの感情が増えていきます。
またそこで、「このままではダメだ……」と高級な化粧品を使ってみたのに効果が表れなかったとしたら、「無駄使いしたな……」と落ち込んでしまうでしょう。

こういうときは、自分と同世代や年上の人たちで、幸せに生きている女性を探してみるのがおすすめです。そして、彼女たちの年齢に見合った魅力や美しさをマネしてみてください。

人の魅力は、外見や若さだけで測れるものではありません。
一つの形にこだわらず、今の自分に無理のない形で魅力を発揮していく方法を探してみるといいと思います。

第4章

がんばりすぎなくたって大丈夫

自信を持つのに根拠なんていらない

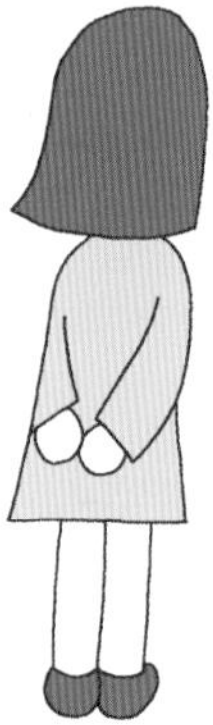

自分に自信が持てない人は、「私にはできない」「自分はもうダメだ」「次も失敗するだろう」などと考えていることが多いのです。

一方で、**自信を持っている人は、「私って最高！」「私に生まれてよかった！」と感じています。**

この二人の間には、大きな能力の差があるわけではありません。それに、自信がある人がかならずしも優秀であるわけでもないのです。

つまり、**自信を持つのに根拠はいらないということです。**

そして、自分に自信を持っていると、人生は楽しく充実したものになります。

自分が自分に対して抱いている印象のことを、心理学では「セルフイメージ」といいます。この「セルフイメージ」は、日頃の工夫で変えることができます。

ですから、今の時点で自分に自信を持っていなくても、心配しないでください。少しずつセルフイメージを変えて、自分を好きになっていけばいいのです。

「人から嫌われたくない」と
思っていませんか

人間は、衣・食・住に関係する基本的な欲求が満たされると、今度は「人から重要な存在と思われたい」という欲求を抱くようになります。

これを「自己重要感の欲求」といいます。

自分に自信がない人は、この自己重要感の欲求が高い傾向にあります。**他人からほめられないと、自分の価値を感じることができないのです。**

そのため、「自分がどうしたいか」よりも、「他人の目にどう映るか」のほうに注目して行動してしまいます。

しかし、他人の評価はコロコロ変わります。そのため、**「他人に認められない自分に価値はない」といった考え方をしている限り、常に不安がつきまとうのです。**

今の生活が楽しいと思えない人は、「人に嫌われたくない」「周りからすごい人だと見られたい」と思う気持ちが強すぎるのかもしれません。

人の目が気になるときは、「今日の私は、自己重要感の欲求が強すぎるみたいだな」と自分を客観視することで、気持ちがラクになることがあります。

「うまくいかない理由探し」は
マイナスばかり

仕事でもプライベートでも、何かがうまくいかないときは、ついつい「うまくいかない理由」に注目してしまいがちです。そして行き着くのは、「自己嫌悪」だったり、「他人への不満」だったりします。

しかし、そんなことをしても状況は変わりません。むしろ、心にマイナスのエネルギーが増えるだけです。

そういうときは、**「今回はうまくいかなくて残念だったけど、次はきっとうまくいく！」と気持ちを切り替えましょう。**そのためには、過去にうまくいったことを思い出してみることをおすすめします。

「小さい頃、おばあちゃんに優しい子だとほめてもらった」
「学生時代、作文コンクールで何度も入賞した」
さらに、そのときの誇らしい気持ちも一緒に思い出してください。

たまたま今はうまくいかなかったとしても、自分の価値まで下がるわけではないのです。

誰にだって短所はある

自信がない人は、自分の短所を必要以上に気にする傾向があります。そして、自信満々の人を見ては、「あの人はすごい。それに比べて自分はダメだ」と落ち込むのです。

しかし、**自分に自信を持っている人でも、よく見れば短所がないわけではありません。**その人たちに自信があるように見えるのは、自分の短所を長所に置き換えてうまく付き合っているからです。

たとえば、「大雑把《おおざっぱ》」な性格でも、「私っておおらかでしょ」「細かいことをあまり気にしない性格なんです」ととらえれば、それは長所になります。

この手法は、心理学で「リフレーミング」といいます。この考えを取り入れると、自分を好きになれるかもしれません。

一度、自分の短所と長所を書き出して、短所を長所に置き換えていく作業をしてみるといいと思います。

アサーティブな話し方を学ぶ

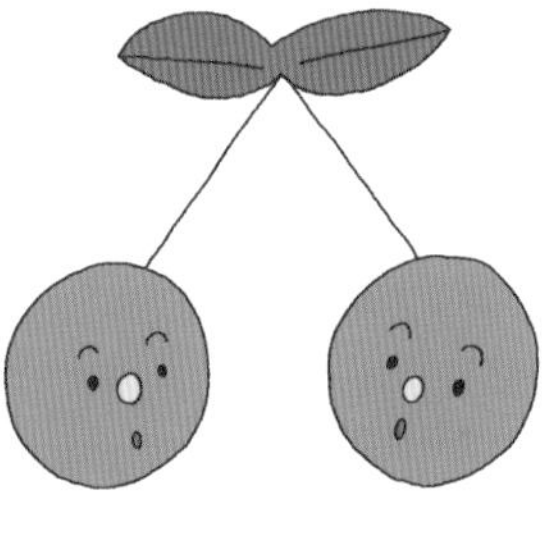

自分に自信が持てないと、周りの人が自分よりもえらく見えて、いいたいことをいえなくなってしまいがちです。たとえば、貸した本を返してもらえないときも、相手に「あの本、そろそろ返してよ」といいだすことができません。

しかし、約束を破られた状態が長引いてストレスが大きくなれば、心にはマイナスのエネルギーが増える一方です。

そういう人は、**「アサーティブ」な話し方を学んでみてください。**

アサーティブとは、**「相手にも配慮した自己主張」**という意味です。

「なんで本を返してくれないの？　約束破らないでよ」と怒るのではなく、「貸した本ですが、〇日までに返却してもらえますか？」と冷静に伝えるという具合です。

自分の気持ちを相手に伝えることは、誰にでも可能です。

遠慮しすぎず、相手と対等な自分として声をかければいいのです。

がんばりすぎず
自分のペースでやればいい

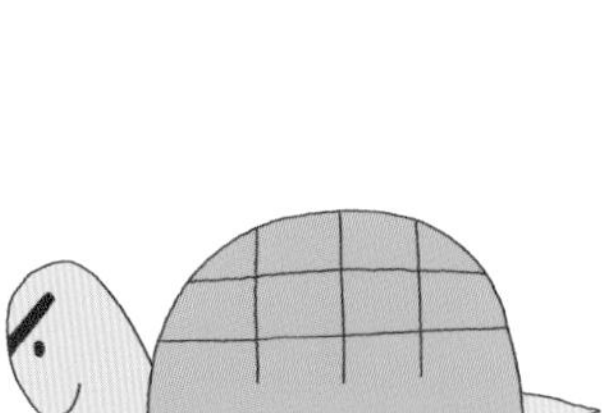

「がんばる」「一生懸命」「努力」という言葉は、一般的にはいい意味で使われています。

たしかに、仕事で実績を出そうとするとき、新しいことにチャレンジをするとき、夢を叶えようとするときは、一生懸命に努力することが必要になります。

しかし、**長い人生においては、「がんばりすぎない」ことも重要なのです。**

心理学に「燃え尽き症候群」という症状があります。一生懸命になりすぎた結果、ある期間を過ぎると、「私は何のためにがんばっているのだろう……」と迷うようになり、気力が衰えて、一種のうつ状態になってしまう現象を指します。

自分に自信が持てない人ほど、この症状に陥りやすい傾向があります。

無理は禁物です。**がんばりすぎず、怠けすぎない、ちょうどいい自分のペースがあるはずです。**それをつかんでください。

周りのスピードや他人のペースより、自分を大切にすることです。

80点とれればいい

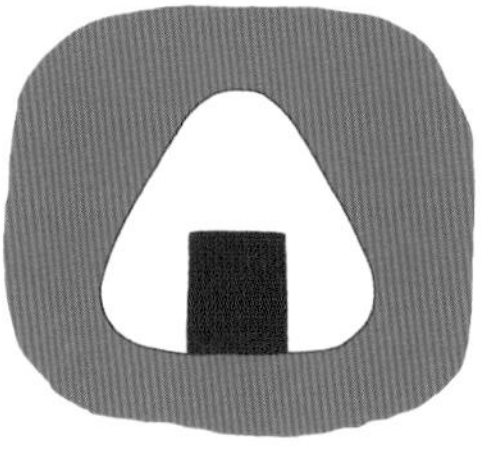

完璧主義の人ほど、「私ってダメな人間」「なんでこんなこともできないのだろう……」と落ち込む機会が多いようです。

しかしこういう人は、ダメ人間ではありません。むしろ優秀なのです。

ただ、自分に自信が持てないせいで、「100点満点でない自分には価値がない」と思い込んでいるだけなのです。

同じテストで80点をとった子供が2人いて、1人は親から「なんで20点も間違えたのよ!」と怒られて、もう1人は「80点もとれてよかったね」とほめてもらえたとします。

どちらの子のほうが自信が持てるかといえば、間違いなくほめてもらえたほうです。完璧主義な人というのは、「20点も間違えた」と怒る親のように厳しい感覚で、自分を苦しめているのです。

毎日がつらいという人は、合格点を下げることをおすすめします。

「80点とれれば十分」という考えが心をラクにします。

「できない」「難しい」は、呪いの言葉

自分に自信が持てない人は、何かに挑戦したくても、「自分には無理」という気持ちが強く、行動に移せないという傾向があります。

過去の失敗を引きずっていて、「自分なんて何をやってもうまくいかない」という思い込みにとらわれている人もいます。

身近な人から、「あなたは何をやってもダメね」と否定されるようなことをいわれ続けた人にも、この傾向がみられます。

しかし、過去に何があったとしても、次も失敗するとは限りません。

「できない」「難しい」という言葉は、ある種の「呪い」です。そしてその呪いは、自分自身で解くことができるのです。

「案ずるよりも産むが易し」ということわざのように、始める前にあれこれ悩んでも、やってみたらできることが多くあります。

まずは、**「今の自分なら大丈夫」**と自分で自分に声をかけるのです。

そうして最初の一歩を踏み出すことで、未来を変えていくことができます。

大きな目標より、
簡単ですぐに実行できる小さな目標を

自信を持つために大切なのは、少しずつでも確実に「よし！　できた！」と思えるような成功体験を積み重ねていくことです。

そのためにもぜひ、小さな目標を立てるところから試してみてください。

たとえば、「自分の理想とする家に住みたい」という願望があったとします。

それを叶えるための目標を考えるとき、「引っ越しする」とか「素敵な物件を探す」といった大きな目標を立てる人がいます。

しかし、もっと簡単なことでいいのです。

「部屋の中にあるものを、必要なものと不要なものに分ける」
「不要なものは、リサイクルに出すか、捨てるかを決める」
「家具やインテリアの配置を少し変えてみる」

ポイントは、すぐにでも実行できるものを設定することです。

小さな目標を一つずつ達成していくと、「自分でもできた」という実感が湧いてきます。するとと次第に自信がつきやすくなるのです。

困っている人に目を向けてみる

自分に自信を持つために、いろいろなことを実践してみたけど、効果が感じられないという人は、**困っている人に目を向けてみるといいと思います。**

たとえば、身近に困っている人がいたら話を聞いてあげるのです。

悩みごとがある知人がいたら、「大丈夫?」と声をかけてあげるのです。

相手はきっと「ありがとう」という言葉を返してくれるでしょう。

「ありがとう」といわれて、嬉しくない人はいません。

「自分は何もできない」とふさぎ込んでいた人が、ボランティアに参加して元気になったという話をよく聞きます。「自分のしたことが喜ばれている」という実感が、回復につながったのだと思います。

もしかしたら、それさえも難しい場合もあるかもしれません。

そんなときは、コンビニのレジの横にある募金箱に寄付をしてみるだけでもいいと思います。

第5章

悪いことは、
永遠には続かない

今の心はプラス？　マイナス？

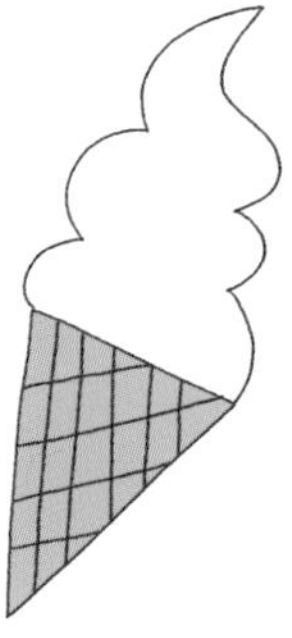

人間には、プラスの感情とマイナスの感情があります。
具体的には「喜怒哀楽」のうち、喜びと楽しさにあたるのがプラスの感情で、その逆のマイナスの感情は、怒りと悲しみです。

毎日、気分よく過ごすためには、心にあるマイナスの感情を少なくして、プラスの感情を増やしていく必要があります。
これらの感情は日々、少しずつ心の中に溜まっていく性質を持っています。そして、マイナスの感情が大きくなると、イライラしたり涙が出たりという情緒不安定な状態になりやすくなります。

人生にはいいことも起これば、悪いことも起こります。心を穏やかに暮らしたいなら、思いどおりにならない出来事が起きたときにも、プラスの発想をして心をプラスの状態にすることが大切です。

今、自分の心はプラスかマイナスか、それを意識する習慣を持つところから始めてみるといいでしょう。

不運が続くときは、「心のデトックス時期」と考える

「目覚まし時計が鳴らず、駅まで走ったら転んでしまった。洋服が汚れただけでなく、大切なネックレスも壊れてしまった」

このように、不運な出来事が続けざまに起こることがあります。そんなときは、**「どうして自分ばっかり……」**と絶望的な気持ちになるものです。しかし、そんなときこそプラスの発想をして、「今は心の中をデトックスしている最中だ」と考えてみてほしいと思います。

デトックスとは、医学的に「体の中に食べ物を通して入ってきた、溜まっている毒素を排出する」という意味です。毒素を出し切った後は、すっかり体調がよくなるといわれています。

体と同じく心の中にも、マイナスの感情は溜まっているものです。毒は「不運な出来事」という形で排出されたら、消えてなくなります。その後は、プラスの運気が巡ってくるので、楽しみに待ちましょう。

永遠に続くデトックスなんてありません。

どんなマイナスの状況にも、
プラスの要素は含まれている

「体調が優れず病院に行ってみたら、悪い病気が見つかった」

「仕事を辞めた後、新しい就職先がなかなか決まらない」

このようなマイナスの状況にあるとき、「これから先、私はどうなってしまうんだろう……」と心の中が不安でいっぱいになるかもしれません。

しかし、**どんなマイナスの状況でも、どこかにプラスの要素がかならず含まれています。**


「入院して時間ができたので、将来をじっくり考えることができた」

「病気になったことで、周りの人たちの優しさを感じた」

「就職先が見つからず仕事がなかったから、働くことのありがたさがわかった」

「会社を辞めて新しい仕事を探したことで、本当にやりたい職種が見えてきた」


成功者に人生の転機を聞くと、「逆境に陥ったとき」をあげることがよくあります。つまり、どんなにマイナスで不安だらけの状況でも、プラスの面もあるのです。

ピンチの中に隠れているメッセージを探してみるといいでしょう。

人生の旬は人それぞれ

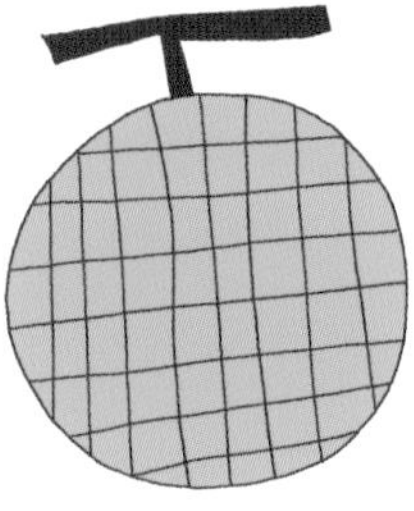

ロシアに「どの野菜、果物にも『旬』がある」ということわざがあります。

これは、**何事にも適切なときがあるという意味です。**


人の人生も同じです。どんな人にも旬というものがあり、その時期は人によって異なります。

早咲きの人もいれば、遅咲きの人もいます。

ですから、人と比べる必要はないのです。


仕事だって同じです。

「がんばっているけどなかなか報われない」

「いっこうに状況がよくならない」

そんなふうに感じるときもあるかもしれません。


しかし、焦りは禁物です。成果が得られない時期も、コツコツと目の前のやるべきことをやっていれば、状況はかならずよくなっていきます。

「この経験もいつか役に立つときがくる」
と考える

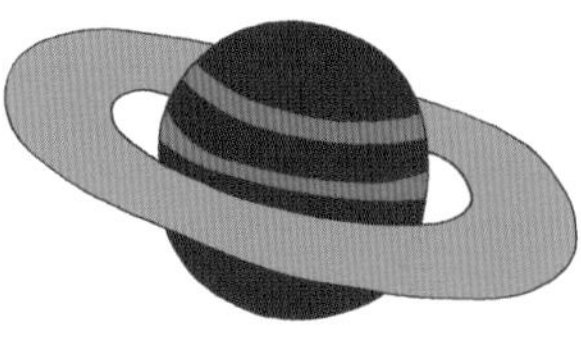

アップルの創業者であるスティーブ・ジョブズは、大学を中退した後も大学にもぐり込んで、いくつかの授業を受けていました。

その授業の中に、「カリグラフィー」（西洋の書道）の授業がありました。ハッキリした目的があって受けたわけではなく、なんとなく選択したそうです。

後日、ジョブズがマッキントッシュのパソコンを開発したとき、業界で初めて美しいフォント（文字の形）を作り出しました。その際、役立ったのが、若いときに学んだカリグラフィーの知識だったといいます。

このように、**今は何のためにやっているかわからないことでも、後の人生で「やっておいてよかった」と思うことがあります。**

ですから、今すぐは何のためにやるのか意味が見いだせないことであっても、**「いつか役に立つかもしれない」**とプラスの発想をすることで、有意義な時間に変えられるのです。

トラブルは起きて当たり前

「外出の支度でバタバタしていて、うっかり家の窓を閉め忘れた」

「これから大切な会議なのに、資料が足りていないことに気づいた」

日常生活には、このように小さなトラブルがつきものです。

こんなとき、マジメすぎる人は、「私ってドジだな」と自分を責めたり、「こんなことでは、先が思いやられる」と不安を感じたりすることが多いようです。

トラブルは、未然に防げたらそれに越したことはありませんが、注意をしていても起こるときは起こってしまうものです。

ですから、自分を責めるのではなく、「これくらいの失敗ですんでよかった!」とプラスの発想に転換したほうがいいのです。**ドジで命までとられるわけではありません。**


それに、自分の弱点にばかり注目して自分を責め続けてしまう日々は、苦しいものです。

「私はドジだけど、今日も家族に優しくできたから、いいか」と、自分のいいところに注目して、明るい気持ちで一日を終えるといいと思います。

マイナスの言葉は
プラスの表現で伝えるようにする

たとえば、食事に誘われたけれど都合が悪いとき、「すみません。忙しくて行けません」と伝えてしまうと、相手はガッカリして、もう誘うのはやめようと思うかもしれません。

だからといって、無理に誘いに応じれば、違うストレスが生まれてしまうでしょう。このように、**マイナスの言葉を使わなくてはならない場面でも、表現をできるだけプラスに変えるようにすることで、状況が悪くなるのを防ぐことができます。**

たとえば、「今回はあいにく予定があるのですが、声をかけていただいて嬉しかったです」とプラスの言葉を使えば、お互いに気まずさを感じなくてすみます。

つまり内容は同じでも、言葉の表現をプラスに変えることで、相手が受け取る印象や、その後の関係が変わってくるのです。

まずは、自分の話す言葉を意識してみることから始めるといいでしょう。

悩みがあるから、
人は成長することができる

「今は苦しみを味わえ。苦しみも過ぎてしまえば甘くなる」

これは、ドイツを代表する小説家のゲーテが残した言葉です。

「この悩みがなければ、どれほどラクか」と思うこともあるかもしれません。

しかし、**悩みは絶対に悪いものといい切れるものではないのです。**

人間は悩みごとがないと、考え方や行動にゆるみが出てくるものです。たとえば、体の弱い人は自分の体調の変化に敏感になるため、健康に注意する習慣がつき、大病をしにくいというような話があります。

反対に、小さい頃から丈夫な人は、不調が続いても「すぐ治るだろう」と思って暴飲暴食などを続け、大きな病気になってしまったりします。

いま悩みに苦しめられていたとしても、その悩みに助けられる日がいつか来るかもしれません。ですから**悩みを憎むのではなく、そこから学べることを探してみるといいと思います。**

悩みとうまく付き合っていくうち、悩みは悩みでなくなるかもしれません。

今日は北風、明日は南風

仕事で大きなミスをしたり、信頼していた人に裏切られたり、就職に失敗したり、人生には「なぜこんな目に……」と運命を恨みたくなるときがあります。
しかし、それはずっと続くわけではありません。

誰にでも体調のいい日、悪い日があります。これと同じように、**私たちの人生で永遠に右肩上がりの上昇が続くことはありえません。**

北欧に「今日は北風、明日は南風」ということわざがあります。天気が突然変わることがあるように、人生も急に状況が変わることがあるというメッセージが込められています。
「昨日はあんなに北風が強く吹いていたにもかかわらず、今日はすっかりおさまり、南風が吹き始めた」

変化はあって当たり前なのです。そして、悪いことが起きたときも、次はいいことがやってくるのです。
落ち込む必要は少しもありません。

どうしようもないときは、
自然の流れに身をまかせる

「母親との関係があまりよくないので修復のためにがんばってみたが、もうこれ以上やれることはない」
「転職するべきかずっと考えていて、いろいろ調べたり勉強会に参加したりしているけど答えが出ない」

こんなふうに、やれることをやって、「もうこれ以上はやれることがないな」と感じているときは、あとは自然の流れに身をまかせることにしましょう。

重要なのは、今の状況に焦ることなく、「なるようになるさ」とプラスの発想を続けることです。

ヨットは風が吹かないと動けません。風のやんでいるときは、ヨットの甲板に寝転んで青い空を眺めながら、風が吹くのを待つのです。

時が来ればかならず風が吹き、無事にヨットは進みだします。

物事が進まないときは、一息ついて体を休める時期だと考えましょう。

第
6
章

人間関係がうまくいくと、プラスのことが起こる

「引き寄せの力」を味方につける

「いいことがたくさん起きないかなあ」

誰でも一度はこんなふうに考えたことがあるかもしれません。実際は、**「いいことはときどき起こるけど、イヤなことだってそれなりにある」**というのが、たいていの人の日常だと思います。

今よりもっとたくさんの「いいこと」に恵まれたいならば、**「引き寄せの力」**を活用することをおすすめします。「引き寄せの力」とは、その人の心の状態に合わせて、ふさわしい出来事を引き寄せる力のことです。

つまり、**心の状態がプラスであるほど、楽しさや嬉しさを感じる「いいこと」を引き寄せることができるのです。**逆に心の状態がマイナスに傾いていると、悲しみや怒りを感じるイヤなことを引き寄せてしまうわけです。

実は、この「引き寄せの力」はどんな人にも備わっているのです。

誰でも「引き寄せの力」を持っている

「自分に引き寄せの力があるなんて信じられない」と思う人もいるでしょう。

しかし、**実際にはどんな人でも、自分の心のレベルに合ったことを日々引き寄せているのです。**


自分の中にある「引き寄せの力」を伸ばしていくために、まずは小さな「いいこと」を引き寄せる練習をすることをおすすめします。


やり方は簡単。**手帳やノートに引き寄せたいことを書くだけです。**

書いたものは書きっぱなしにせず、時間があるときにこまめに眺めましょう。

いつでも新しい項目を増やせるよう、手帳を持ち歩くのもいいと思います。


そして「いいこと」が引き寄せられたら、印をつけていくのです。すると、手帳には少しずつ印が増えていくはずです。

小さな願いごとが一つずつ叶っていくと、自分が持つ「引き寄せの力」に確信が持てるようになり、引き寄せがさらにスムーズになります。

大きな夢を叶えたいなら、
写真を集めよう

「小さなことは引き寄せられるようになったから、次は大きな夢を叶えたい」という人におすすめの方法があります。

それは、**「なりたい自分」を連想させるような写真を集めることです。**


私たちの脳は、文字を読んだり言葉を聞いたりする以上に、目で見た情報から多くの影響を受けています。

たとえば、商品の広告は、文字だけで説明されるよりも、写真や動画を見たほうが、イメージが湧きやすいものです。


この心理作用をうまく利用するのです。理想に近い風景や人物の写真を、雑誌やインターネットで探してみましょう。

「なりたい自分」にまだ迷いがある人は、あまり深く考えずに「この雰囲気が好きだな」と思える写真を集めるだけでもかまいません。


そうして集めた写真を、自分の部屋の壁に貼り付けてみてください。

心がワクワクして、夢の実現へ向けて動きたくなるはずです。

ただただ好きなことをする時間をつくる

家事や育児をがんばっている人や、毎日一生懸命仕事をしている人は、何か趣味を持つことをおすすめします。

中には、「仕事が好きだから趣味はなくてもいい」とか「趣味に時間とお金をかけるなんて、ぜいたく！」と考える人もいるでしょう。

しかし、**私たちは仕事や育児といった、いわゆる「やらなくてはいけない」役割以外に、純粋に好きなことをする時間を持つことで、より豊かに生きられるものなのです。**

それに、もし仕事や育児でストレスを抱えることになったら、気分転換で趣味を楽しめばモヤモヤを吹き飛ばすこともできます。

「何を趣味にしていいのかわからない」という人もいるかもしれません。趣味の内容は、「自分の好きなこと」「やってみたいこと」を選べばよく、上手にできなくてもいいのです。

スポーツや旅行などのアクティブなものから、作詞や絵画や手芸などの物づくりなど、**興味があるものをとりあえず試すことから始めましょう。**

「こうしたい」という直感にしたがうと、
いいことがある

学生、会社員、妻、母……。みんな色々な役割を持っていて、「〇〇しなければいけない」という義務感にしばられて生活しているものです。

しかし、義務感に気をとられていると、次第に心が疲れてきます。そんな人には、**「自分の直感にしたがって行動する機会」**を増やしてほしいと思います。

直感とは、理屈では説明できないけど、「こんな感じいいな」と鋭く感じる心の働きのことです。「第六感」といういい方もします。

たとえば、毎日自炊をしているけど、なんとなく「今日は久々に外食をしたい気分」とか「近所のテイクアウトのお店が気になるな」と感じたら、**迷わずに行動に移してみてください。**

人の直感は、過去の膨大な経験をもとに自分を幸せに導いてくれる磁石のようなものです。直感にしたがうことで、その先に「いいこと」が待っている可能性が高いといえます。

自分にプレゼントを贈ることで、
心がプラスになる

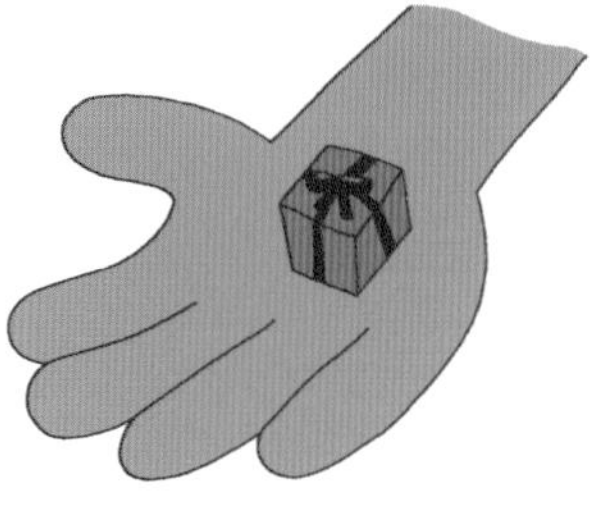

「周りもみんな努力しているから、自分もがんばるのは当たり前」

「自分には至らないところがあるから、もっともっと努力をしないと」

マジメすぎる人ほど、こんなふうに自分を追い込んでしまいがちです。


こういうタイプの人におすすめしたいのが、定期的に自分にプレゼントを贈ることです。プレゼントというと、高価なものや長く使えるものを想像しがちですが、**そのときの自分が望んでいるものなら何でもかまいません。**


育児をがんばっているから、月1回マッサージをプレゼントする。

残業をがんばった週末には、ちょっと高価なケーキをプレゼントする。


そんなちょっとした自分への贈り物が、心にプラスの感情を増やしてくれます。

「そんなのぜいたくだ」と思うなら、お金のかからないプレゼントを考えてみましょう。


たとえば平日に休暇をとって、公園でゴロゴロするようなものでもいいのです。

たまには自分にも優しくしてあげましょう。

「お金」に対するマイナスイメージが、
お金を遠ざけてしまう

「自分ばかり損している」「いつもお金が足りない」と感じている人は、自分がお金にどんなイメージを持っているか、確認してみましょう。

実は、心の奥底に「お金」についてマイナスイメージを持っていると、お金を遠ざける人生になってしまうのです。

お金はないよりもあったほうがいいのは確かです。

「お金持ちは悪いことをしている」という気持ちがあるなら、「お金は人の役に立つことで得られる感謝そのもの」と思い直しましょう。

「お金儲けのことを考えるは卑しいこと」という気持ちがあるなら、「お金儲けのことを考えるのは、自分の人生を豊かにするために大切なこと」と思い直しましょう。

そして、お金が自分のもとにやってくるごとに、「ありがとう」と感謝するのです。

お金への意識を変えることが、お金で困らない自分になる第一歩です。

意味のない競争から降りる

他人と比べて「どちらがより優れているか」「どちらがより才能があるか」「どちらがより美しいか」など、私たちの日常は競争であふれています。

「競争することで、自分に力が湧いてくる」とプラスに考えられているなら問題はありません。しかし、「彼女はあんなに活躍しているのに、私は平凡な毎日。そう考えるとつらくなる……」と負けた気持ちになるなら話は別です。

スポーツでもないのに誰かと自分を比べて、その勝敗で心が乱れるようだと、いつまでも心に平穏はおとずれません。

「でも、勝手に私をライバル視して、競争を挑んでくる人がいるんです。そういう人には負けたくないんです」という人もいるでしょう。

しかし、そんな失礼な人の誘いに乗る必要はないのです。

意味のない競争をやめると、心にマイナスの感情が溜まりにくくなり、平穏な時間が増えます。SNSを見る時間を減らしたり、やめたりするのも一案です。

人間関係は、
相手の長所に注目すればうまくいく

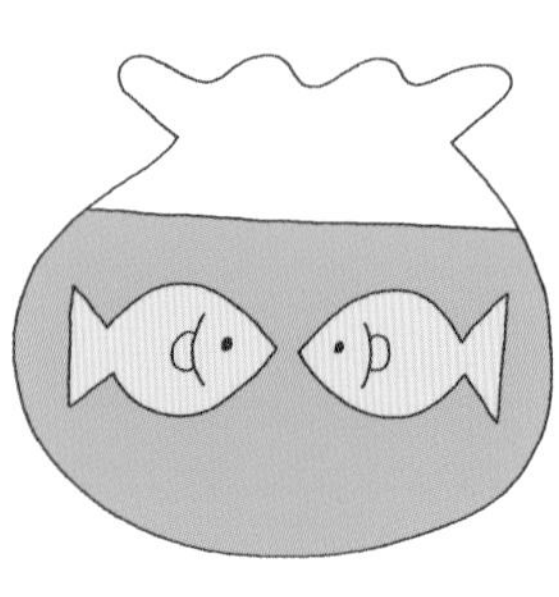

「魚心あれば水心」ということわざがあります。

「水に棲《す》む魚がその水に好意を持てば、水もその魚に好意を持つ」という意味から、人間関係でも同じことがいえると説いています。

誰にでも、苦手な人がいると思います。それは仕方ありませんが、それを態度に出せば関係が悪化して、また別のストレスが生まれます。

そんなときは、**意識的に相手の長所に注目することで、マイナスの感情が増えるのを抑えることができます。**

たとえば、「あの人の自分勝手なところがイヤ」と思っていたとしても、「でも、あの人はいつも仕事が早くて正確だ」というふうに、客観的に見て長所と思える部分に注目するのです。

すると、その思いは言葉や態度に表れるので、相手にも伝わります。**別に、好きになったり尊敬したりする必要はありません。**

自分が穏やかに生きるためには、苦手な人を減らすことが大切なのです。

人間関係のメンテナンスを忘れていませんか

人間関係がうまくいっているときは、プラスの感情が多く生まれます。仕事や家族のことでイライラしても、友だちと話すことで気持ちが明るくなり、元気が湧いてきたりするものです。

ただし、**人の縁というものは自分の思いどおりになるとは限りません。**仲のよい時期もあれば、そうでない時期もある。切れる縁もあれば生まれる縁もあるのが通常です。

人の縁については無理をせず、自然にまかせるのがいいと思います。

ただ、「大好き」と思える相手だけは、自分から意識して歩み寄るようにすることをおすすめします。**機械も時々油を注さないとサビついてしまうように、人間関係にもメンテナンスが必要なのです。**

会えないときはハガキを出す。ケンカをしたらすぐ謝る。

歩み寄りもせずに、ずっと続いていく関係はありません。その人の存在に感謝して、その気持ちを相手に示すことが大切です。

植西聰（うえにし・あきら）

心理カウンセラー。東京都出身。著述家。

学習院大学卒業後、資生堂に勤務。独立後、人生論の研究に従事。独自の『成心学』理論を確立し、人々を元気づける著述を開始。

1995 年 (平成 7 年)、「産業カウンセラー」(労働大臣認定資格) を取得。


【主な著作】

『折れない心をつくるたった 1 つの習慣』(青春出版社)、『平常心のコツ』(自由国民社)、『前を向く力を取り戻す「折れない心」をつくるたった 1 つの習慣』(青春新書プレイブックス) など多数。

幸せは「がんばらない」が９割

2021 年 1 月 24 日　初版第一刷発行

著者　植西聰
発行者　工藤裕樹
発行所　株式会社　エパブリック
〒 174-0023　東京都板橋区前野町 4 丁目 40 番 18 号
TEL 03-5918-7940
FAX 03-5918-7941
印刷　株式会社光邦
製本　株式会社セイコーバインダリー

ISBN 978-4-9911581-1-7